DIESES HAUSI-HEFT GEHÖRT
AF279401

CHAOSKING
Name
Anschrift
Telefon
Handy
Meine Schule:

MATH
DEUT
ENG
ERI

Stress weg – Spaß her!

... mit Spielen aus dem Hause CHAOS KING

Brettspiel „Das total verrückte Bullirennen"

Brettspiel „Mampfkampf"

Legespiel „Bulli-Twins"

Freundebuch für Kids, 84 Seiten

www.chaosking-bullifanshop.de

STUNDENPLAN

Stunde	Zeit	Montag	Dienstag	Mittwoch	Donnerstag	Freitag

Bibliografische Information der Deutschen Nationalbibliothek:
Die Deutsche nationalbibliothek verzeichnet diese Publikation in der Deutschen Nationalbibliografie;
detaillierte bibliografische Daten sind im Internet über http://dnb.dnb.de abrufbar.

© 2022 Monika Stahlheber-Meister (www.chaosking-bullifanshop.de)

Illustration: Monika Stahlheber-Meister
Satz und Gestaltung: Monika Stahlheber-Meister

Herstellung und Verlag: BoD Books on Demand, Norderstedt

ISBN: 978-3-7568-3308-5

NOTENSPIEGEL

Schulfach | Noten | Gesamt

									Gesamt
	mündlich								
	schriftlich								
	mündlich								
	schriftlich								
	mündlich								
	schriftlich								
	mündlich								
	schriftlich								
	mündlich								
	schriftlich								
	mündlich								
	schriftlich								
	mündlich								
	schriftlich								
	mündlich								
	schriftlich								

Schulfach | Noten | Gesamt

									Gesamt
	mündlich								
	schriftlich								
	mündlich								
	schriftlich								
	mündlich								
	schriftlich								
	mündlich								
	schriftlich								
	mündlich								
	schriftlich								
	mündlich								
	schriftlich								
	mündlich								
	schriftlich								
	mündlich								
	schriftlich								

Tag	Fach	Hausaufgaben	erledigt
Montag			☐
			☐
			☐
			☐
			☐
			☐
			☐

Tag	Fach	Hausaufgaben	erledigt
Dienstag			☐
			☐
			☐
			☐
			☐
			☐
			☐

Tag	Fach	Hausaufgaben	erledigt
Mittwoch			☐
			☐
			☐
			☐
			☐
			☐
			☐

Tag	Fach	Hausaufgaben	erledigt
Donnerstag			☐
			☐
			☐
			☐
			☐
			☐
			☐

vom _____________ bis _____________

Tag	Fach	Hausaufgaben	erledigt
Freitag			☐
			☐
			☐
			☐
			☐
			☐
			☐

Notizen/Mitteilungen

Tag	Fach	Hausaufgaben	erledigt
Montag			☐ ☐ ☐ ☐ ☐ ☐ ☐

Tag	Fach	Hausaufgaben	erledigt
Dienstag			☐ ☐ ☐ ☐ ☐ ☐ ☐

Tag	Fach	Hausaufgaben	erledigt
Mittwoch			☐ ☐ ☐ ☐ ☐ ☐ ☐

Tag	Fach	Hausaufgaben	erledigt
Donnerstag			☐ ☐ ☐ ☐ ☐ ☐ ☐

Tag	Fach	Hausaufgaben	erledigt ✓
Freitag			☐
			☐
			☐
			☐
			☐
			☐
			☐

Notizen/Mitteilungen

Hausaufgaben in der Woche

Tag	Fach	Hausaufgaben	erledigt ✓
Montag			☐
			☐
			☐
			☐
			☐
			☐
			☐

Tag	Fach	Hausaufgaben	erledigt ✓
Dienstag			☐
			☐
			☐
			☐
			☐
			☐
			☐
			☐

Tag	Fach	Hausaufgaben	erledigt ✓
Mittwoch			☐
			☐
			☐
			☐
			☐
			☐
			☐
			☐

Tag	Fach	Hausaufgaben	erledigt ✓
Donnerstag			☐
			☐
			☐
			☐
			☐
			☐
			☐

vom _______________ bis _______________

Hausaufgaben in der Woche

Tag	Fach	Hausaufgaben	erledigt ✓
Montag			☐ ☐ ☐ ☐ ☐ ☐ ☐ ☐

Tag	Fach	Hausaufgaben	erledigt ✓
Dienstag			☐ ☐ ☐ ☐ ☐ ☐ ☐ ☐

Tag	Fach	Hausaufgaben	erledigt ✓
Mittwoch			☐ ☐ ☐ ☐ ☐ ☐ ☐ ☐

Tag	Fach	Hausaufgaben	erledigt ✓
Donnerstag			☐ ☐ ☐ ☐ ☐ ☐

vom _________________ bis _______________

Tag	Fach	Hausaufgaben	erledigt
Freitag			☐
			☐
			☐
			☐
			☐
			☐
			☐

Notizen/Mitteilungen

Tag	Fach	Hausaufgaben	erledigt
Montag			☐
			☐
			☐
			☐
			☐
			☐
			☐

Tag	Fach	Hausaufgaben	erledigt
Dienstag			☐
			☐
			☐
			☐
			☐
			☐
			☐

Tag	Fach	Hausaufgaben	erledigt
Mittwoch			☐
			☐
			☐
			☐
			☐
			☐
			☐

Tag	Fach	Hausaufgaben	erledigt
Donnerstag			☐
			☐
			☐
			☐
			☐
			☐

vom _____________ bis _____________

Tag	Fach	Hausaufgaben	erledigt ✓
Freitag			☐
			☐
			☐
			☐
			☐
			☐
			☐

Notizen/Mitteilungen

Hausaufgaben in der Woche

vom _______________ bis _______________

Tag	Fach	Hausaufgaben	erledigt ✓
Freitag			☐
			☐
			☐
			☐
			☐
			☐
			☐

Notizen/Mitteilungen

Tag	Fach	Hausaufgaben	erledigt ✓
Montag			☐
			☐
			☐
			☐
			☐
			☐
			☐

Tag	Fach	Hausaufgaben	erledigt ✓
Dienstag			☐
			☐
			☐
			☐
			☐
			☐
			☐

Tag	Fach	Hausaufgaben	erledigt ✓
Mittwoch			☐
			☐
			☐
			☐
			☐
			☐

Tag	Fach	Hausaufgaben	erledigt ✓
Donnerstag			☐
			☐
			☐
			☐
			☐
			☐
			☐

vom _____________ bis _____________

Tag	Fach	Hausaufgaben	erledigt
Freitag			☐
			☐
			☐
			☐
			☐
			☐
			☐

Notizen/Mitteilungen

Hausaufgaben in der Woche
Tag | Fach | Hausaufgaben | erledigt
Montag
Tag | Fach | Hausaufgaben | erledigt
Dienstag
Tag | Fach | Hausaufgaben | erledigt
Mittwoch
Tag | Fach | Hausaufgaben | erledigt
Donnerstag

Tag	Fach	Hausaufgaben	erledigt
Freitag			☐
			☐
			☐
			☐
			☐
			☐
			☐

Notizen/Mitteilungen

Tag	Fach	Hausaufgaben	erledigt ✓
Montag			☐
			☐
			☐
			☐
			☐
			☐
			☐
			☐

Tag	Fach	Hausaufgaben	erledigt ✓
Dienstag			☐
			☐
			☐
			☐
			☐
			☐
			☐
			☐

Tag	Fach	Hausaufgaben	erledigt ✓
Mittwoch			☐
			☐
			☐
			☐
			☐
			☐
			☐

Tag	Fach	Hausaufgaben	erledigt ✓
Donnerstag			☐
			☐
			☐
			☐
			☐
			☐
			☐

Tag	Fach	Hausaufgaben	erledigt ✓
Freitag			☐
			☐
			☐
			☐
			☐
			☐
			☐

Notizen/Mitteilungen

Tag	Fach	Hausaufgaben	erledigt ✓
Montag			

Tag	Fach	Hausaufgaben	erledigt ✓
Dienstag			

Tag	Fach	Hausaufgaben	erledigt ✓
Mittwoch			

Tag	Fach	Hausaufgaben	erledigt ✓
Donnerstag			

Tag	Fach	Hausaufgaben	erledigt
Freitag			☐
			☐
			☐
			☐
			☐
			☐
			☐

Notizen/Mitteilungen

Tag	Fach	Hausaufgaben	erledigt ✓
Montag			☐
			☐
			☐
			☐
			☐
			☐
			☐

Tag	Fach	Hausaufgaben	erledigt ✓
Dienstag			☐
			☐
			☐
			☐
			☐
			☐
			☐

Tag	Fach	Hausaufgaben	erledigt ✓
Mittwoch			☐
			☐
			☐
			☐
			☐
			☐

Tag	Fach	Hausaufgaben	erledigt ✓
Donnerstag			☐
			☐
			☐
			☐
			☐
			☐
			☐

vom ________________ bis ________________

Tag	Fach	Hausaufgaben	erledigt ✓
Freitag			☐
			☐
			☐
			☐
			☐
			☐
			☐

Notizen/Mitteilungen

Tag	Fach	Hausaufgaben	erledigt ✓
Montag			

Tag	Fach	Hausaufgaben	erledigt ✓
Dienstag			

Tag	Fach	Hausaufgaben	erledigt ✓
Mittwoch			

Tag	Fach	Hausaufgaben	erledigt ✓
Donnerstag			

Tag	Fach	Hausaufgaben	erledigt
Freitag			☐
			☐
			☐
			☐
			☐
			☐
			☐

Notizen/Mitteilungen

Tag	Fach	Hausaufgaben	erledigt ✓
Montag			☐
			☐
			☐
			☐
			☐
			☐
			☐

Tag	Fach	Hausaufgaben	erledigt ✓
Dienstag			☐
			☐
			☐
			☐
			☐
			☐
			☐
			☐

Tag	Fach	Hausaufgaben	erledigt ✓
Mittwoch			☐
			☐
			☐
			☐
			☐
			☐
			☐
			☐

Tag	Fach	Hausaufgaben	erledigt ✓
Donnerstag			☐
			☐
			☐
			☐
			☐
			☐
			☐
			☐

vom ________________ bis ________________

Tag	Fach	Hausaufgaben	erledigt
Freitag			☐
			☐
			☐
			☐
			☐
			☐
			☐

Notizen/Mitteilungen

Tag	Fach	Hausaufgaben	erledigt ✓
Montag			☐
			☐
			☐
			☐
			☐
			☐
			☐
			☐

Tag	Fach	Hausaufgaben	erledigt ✓
Dienstag			☐
			☐
			☐
			☐
			☐
			☐
			☐
			☐

Tag	Fach	Hausaufgaben	erledigt ✓
Mittwoch			☐
			☐
			☐
			☐
			☐
			☐
			☐

Tag	Fach	Hausaufgaben	erledigt ✓
Donnerstag			☐
			☐
			☐
			☐
			☐
			☐
			☐

vom _______________ bis _______________

Tag	Fach	Hausaufgaben	erledigt ✓
Freitag			☐
			☐
			☐
			☐
			☐
			☐
			☐

Notizen/Mitteilungen

Tag	Fach	Hausaufgaben	erledigt ✓
Montag			☐
			☐
			☐
			☐
			☐
			☐
			☐

Tag	Fach	Hausaufgaben	erledigt ✓
Dienstag			☐
			☐
			☐
			☐
			☐
			☐
			☐

Tag	Fach	Hausaufgaben	erledigt ✓
Mittwoch			☐
			☐
			☐
			☐
			☐
			☐
			☐

Tag	Fach	Hausaufgaben	erledigt ✓
Donnerstag			☐
			☐
			☐
			☐
			☐
			☐
			☐

Tag	Fach	Hausaufgaben	erledigt ✓
Freitag			☐
			☐
			☐
			☐
			☐
			☐
			☐

Notizen/Mitteilungen

Hausaufgaben in der Woche

Tag	Fach	Hausaufgaben	erledigt ✓
Montag			☐ ☐ ☐ ☐ ☐ ☐ ☐ ☐

Tag	Fach	Hausaufgaben	erledigt ✓
Dienstag			☐ ☐ ☐ ☐ ☐ ☐ ☐ ☐

Tag	Fach	Hausaufgaben	erledigt ✓
Mittwoch			☐ ☐ ☐ ☐ ☐ ☐ ☐ ☐

Tag	Fach	Hausaufgaben	erledigt ✓
Donnerstag			☐ ☐ ☐ ☐ ☐ ☐ ☐

Tag	Fach	Hausaufgaben	erledigt ✓
Freitag			☐
			☐
			☐
			☐
			☐
			☐
			☐

Notizen/Mitteilungen

Hausaufgaben in der Woche

Tag	Fach	Hausaufgaben	erledigt
Montag			☐
			☐
			☐
			☐
			☐
			☐
			☐

Tag	Fach	Hausaufgaben	erledigt
Dienstag			☐
			☐
			☐
			☐
			☐
			☐
			☐

Tag	Fach	Hausaufgaben	erledigt
Mittwoch			☐
			☐
			☐
			☐
			☐
			☐
			☐

Tag	Fach	Hausaufgaben	erledigt
Donnerstag			☐
			☐
			☐
			☐
			☐
			☐
			☐

vom _____________ bis _____________

Tag	Fach	Hausaufgaben	erledigt ✓
Freitag			☐
			☐
			☐
			☐
			☐
			☐
			☐

Notizen/Mitteilungen

Hausaufgaben in der Woche

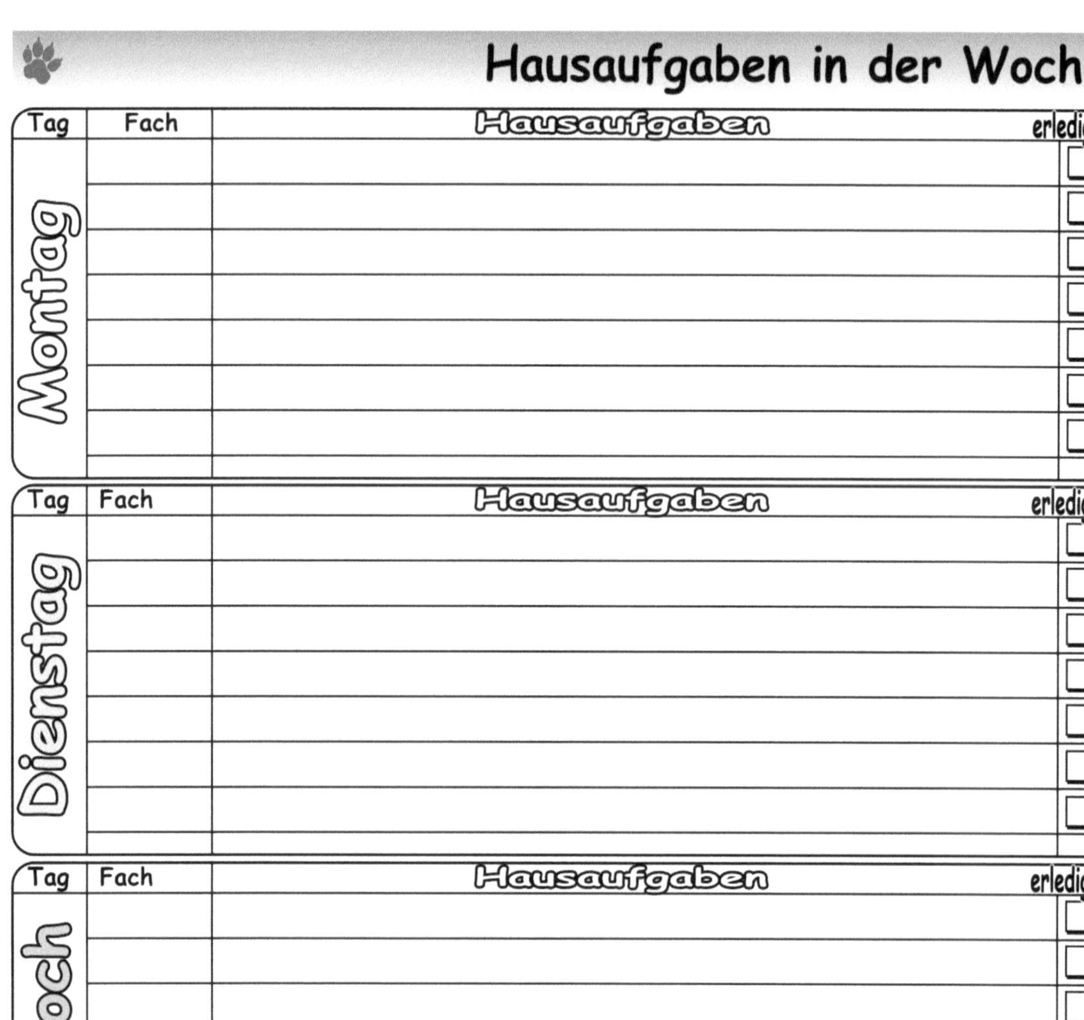

Tag	Fach	Hausaufgaben	erledigt ✓
Freitag			☐
			☐
			☐
			☐
			☐
			☐
			☐

Notizen/Mitteilungen

Hausaufgaben in der Woche

Tag	Fach	Hausaufgaben	erledigt ✓
Montag			☐
			☐
			☐
			☐
			☐
			☐
			☐
			☐

Tag	Fach	Hausaufgaben	erledigt ✓
Dienstag			☐
			☐
			☐
			☐
			☐
			☐
			☐
			☐

Tag	Fach	Hausaufgaben	erledigt ✓
Mittwoch			☐
			☐
			☐
			☐
			☐
			☐
			☐

Tag	Fach	Hausaufgaben	erledigt ✓
Donnerstag			☐
			☐
			☐
			☐
			☐
			☐
			☐

Tag	Fach	Hausaufgaben	erledigt
Freitag			☐
			☐
			☐
			☐
			☐
			☐
			☐

Notizen/Mitteilungen

Tag	Fach	Hausaufgaben	erledigt ✓
Montag			☐
			☐
			☐
			☐
			☐
			☐
			☐
			☐

Tag	Fach	Hausaufgaben	erledigt ✓
Dienstag			☐
			☐
			☐
			☐
			☐
			☐
			☐
			☐

Tag	Fach	Hausaufgaben	erledigt ✓
Mittwoch			☐
			☐
			☐
			☐
			☐
			☐
			☐
			☐

Tag	Fach	Hausaufgaben	erledigt ✓
Donnerstag			☐
			☐
			☐
			☐
			☐
			☐
			☐
			☐

vom _____________ bis _____________

Tag	Fach	Hausaufgaben	erledigt ✔
Freitag			☐
			☐
			☐
			☐
			☐
			☐
			☐

Notizen/Mitteilungen

Tag	Fach	Hausaufgaben	erledigt ✓
Montag			☐
			☐
			☐
			☐
			☐
			☐
			☐

Tag	Fach	Hausaufgaben	erledigt ✓
Dienstag			☐
			☐
			☐
			☐
			☐
			☐
			☐

Tag	Fach	Hausaufgaben	erledigt ✓
Mittwoch			☐
			☐
			☐
			☐
			☐
			☐
			☐

Tag	Fach	Hausaufgaben	erledigt ✓
Donnerstag			☐
			☐
			☐
			☐
			☐
			☐
			☐

vom ______________ bis ______________

Hausaufgaben in der Woche

Tag	Fach	Hausaufgaben	erledigt ✓
Montag			☐
			☐
			☐
			☐
			☐
			☐
			☐

Tag	Fach	Hausaufgaben	erledigt ✓
Dienstag			☐
			☐
			☐
			☐
			☐
			☐
			☐
			☐

Tag	Fach	Hausaufgaben	erledigt ✓
Mittwoch			☐
			☐
			☐
			☐
			☐
			☐
			☐
			☐

Tag	Fach	Hausaufgaben	erledigt ✓
Donnerstag			☐
			☐
			☐
			☐
			☐
			☐
			☐

vom _____________ bis _____________

Tag	Fach	Hausaufgaben	erledigt ✓
Freitag			☐
			☐
			☐
			☐
			☐
			☐
			☐

Notizen/Mitteilungen

Tag	Fach	Hausaufgaben	erledigt ✓
Montag			

Tag	Fach	Hausaufgaben	erledigt ✓
Dienstag			

Tag	Fach	Hausaufgaben	erledigt ✓
Mittwoch			

Tag	Fach	Hausaufgaben	erledigt ✓
Donnerstag			

vom _____________ bis _____________

Tag	Fach	Hausaufgaben	erledigt
Freitag			☐
			☐
			☐
			☐
			☐
			☐
			☐

Notizen/Mitteilungen

Hausaufgaben in der Woche

Tag	Fach	Hausaufgaben	erledigt
Montag			☐
			☐
			☐
			☐
			☐
			☐
			☐

Tag	Fach	Hausaufgaben	erledigt
Dienstag			☐
			☐
			☐
			☐
			☐
			☐
			☐

Tag	Fach	Hausaufgaben	erledigt
Mittwoch			☐
			☐
			☐
			☐
			☐
			☐
			☐

Tag	Fach	Hausaufgaben	erledigt
Donnerstag			☐
			☐
			☐
			☐
			☐
			☐
			☐

vom _____________ bis _____________

<table>
<tr><td>Tag</td><td>Fach</td><td>Hausaufgaben</td><td>erledigt ✓</td></tr>
</table>

Freitag

Notizen/Mitteilungen

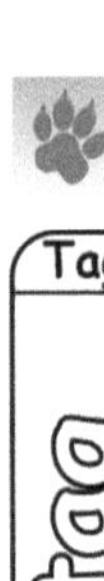

Tag	Fach	Hausaufgaben	erledigt ✓
Montag			☐
			☐
			☐
			☐
			☐
			☐
			☐

Tag	Fach	Hausaufgaben	erledigt ✓
Dienstag			☐
			☐
			☐
			☐
			☐
			☐
			☐

Tag	Fach	Hausaufgaben	erledigt ✓
Mittwoch			☐
			☐
			☐
			☐
			☐
			☐
			☐

Tag	Fach	Hausaufgaben	erledigt ✓
Donnerstag			☐
			☐
			☐
			☐
			☐
			☐
			☐

Tag	Fach	Hausaufgaben	erledigt ✓
Freitag			☐
			☐
			☐
			☐
			☐
			☐
			☐

Notizen/Mitteilungen

Hausaufgaben in der Woche

Tag	Fach	Hausaufgaben	erledigt ✓
Montag			☐
			☐
			☐
			☐
			☐
			☐
			☐

Tag	Fach	Hausaufgaben	erledigt ✓
Dienstag			☐
			☐
			☐
			☐
			☐
			☐
			☐

Tag	Fach	Hausaufgaben	erledigt ✓
Mittwoch			☐
			☐
			☐
			☐
			☐
			☐
			☐

Tag	Fach	Hausaufgaben	erledigt ✓
Donnerstag			☐
			☐
			☐
			☐
			☐
			☐
			☐

vom _______________ bis _______________

Tag	Fach	Hausaufgaben	erledigt ✓
Freitag			☐
			☐
			☐
			☐
			☐
			☐
			☐

Notizen/Mitteilungen

Tag	Fach	Hausaufgaben	erledigt ✓
Montag			

Tag	Fach	Hausaufgaben	erledigt ✓
Dienstag			

Tag	Fach	Hausaufgaben	erledigt ✓
Mittwoch			

Tag	Fach	Hausaufgaben	erledigt ✓
Donnerstag			

Tag	Fach	Hausaufgaben	erledigt
Freitag			☐
			☐
			☐
			☐
			☐
			☐
			☐

Notizen/Mitteilungen

Hausaufgaben in der Woche

Tag	Fach	Hausaufgaben	erledigt
Montag			☐
			☐
			☐
			☐
			☐
			☐
			☐
			☐

Tag	Fach	Hausaufgaben	erledigt
Dienstag			☐
			☐
			☐
			☐
			☐
			☐
			☐
			☐

Tag	Fach	Hausaufgaben	erledigt
Mittwoch			☐
			☐
			☐
			☐
			☐
			☐
			☐

Tag	Fach	Hausaufgaben	erledigt
Donnerstag			☐
			☐
			☐
			☐
			☐
			☐
			☐

vom ______________ bis ______________

Tag	Fach	Hausaufgaben	erledigt
Freitag			☐
			☐
			☐
			☐
			☐
			☐
			☐

Notizen/Mitteilungen

Tag	Fach	Hausaufgaben	erledigt ✓
Montag			☐ ☐ ☐ ☐ ☐ ☐ ☐

Tag	Fach	Hausaufgaben	erledigt ✓
Dienstag			☐ ☐ ☐ ☐ ☐ ☐ ☐

Tag	Fach	Hausaufgaben	erledigt ✓
Mittwoch			☐ ☐ ☐ ☐ ☐ ☐ ☐

Tag	Fach	Hausaufgaben	erledigt ✓
Donnerstag			☐ ☐ ☐ ☐ ☐ ☐ ☐

vom ________________ bis ________________

Tag	Fach	Hausaufgaben	erledigt ✓
Montag			☐
			☐
			☐
			☐
			☐
			☐
			☐

Tag	Fach	Hausaufgaben	erledigt ✓
Dienstag			☐
			☐
			☐
			☐
			☐
			☐
			☐

Tag	Fach	Hausaufgaben	erledigt ✓
Mittwoch			☐
			☐
			☐
			☐
			☐
			☐
			☐

Tag	Fach	Hausaufgaben	erledigt ✓
Donnerstag			☐
			☐
			☐
			☐
			☐
			☐
			☐

vom _______________ bis _______________

Tag	Fach	Hausaufgaben	erledigt
Freitag			☐
			☐
			☐
			☐
			☐
			☐
			☐

Notizen/Mitteilungen

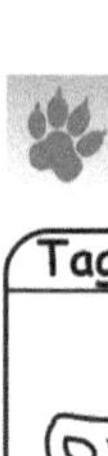

Hausaufgaben in der Woche

Tag	Fach	Hausaufgaben	erledigt
Montag			

Tag	Fach	Hausaufgaben	erledigt
Dienstag			

Tag	Fach	Hausaufgaben	erledigt
Mittwoch			

Tag	Fach	Hausaufgaben	erledigt
Donnerstag			

vom ______________ bis ______________

Tag	Fach	Hausaufgaben	erledigt
Freitag			☐
			☐
			☐
			☐
			☐
			☐
			☐
			☐

Notizen/Mitteilungen

Tag	Fach	Hausaufgaben	erledigt ✓
Montag			☐
			☐
			☐
			☐
			☐
			☐
			☐

Tag	Fach	Hausaufgaben	erledigt ✓
Dienstag			☐
			☐
			☐
			☐
			☐
			☐
			☐

Tag	Fach	Hausaufgaben	erledigt ✓
Mittwoch			☐
			☐
			☐
			☐
			☐
			☐
			☐

Tag	Fach	Hausaufgaben	erledigt ✓
Donnerstag			☐
			☐
			☐
			☐
			☐
			☐

vom _____________ bis _______________

Hausaufgaben in der Woche

Tag	Fach	Hausaufgaben	erledigt ✓
Montag			☐ ☐ ☐ ☐ ☐ ☐ ☐ ☐

Tag	Fach	Hausaufgaben	erledigt ✓
Dienstag			☐ ☐ ☐ ☐ ☐ ☐ ☐ ☐

Tag	Fach	Hausaufgaben	erledigt ✓
Mittwoch			☐ ☐ ☐ ☐ ☐ ☐ ☐ ☐

Tag	Fach	Hausaufgaben	erledigt ✓
Donnerstag			☐ ☐ ☐ ☐ ☐ ☐ ☐ ☐

Tag	Fach	Hausaufgaben	erledigt ✓
Freitag			☐
			☐
			☐
			☐
			☐
			☐
			☐

Notizen/Mitteilungen

Tag	Fach	Hausaufgaben	erledigt ✓
Montag			☐
			☐
			☐
			☐
			☐
			☐
			☐

Tag	Fach	Hausaufgaben	erledigt ✓
Dienstag			☐
			☐
			☐
			☐
			☐
			☐
			☐

Tag	Fach	Hausaufgaben	erledigt ✓
Mittwoch			☐
			☐
			☐
			☐
			☐
			☐
			☐

Tag	Fach	Hausaufgaben	erledigt ✓
Donnerstag			☐
			☐
			☐
			☐
			☐
			☐

Tag	Fach	Hausaufgaben	erledigt
Freitag			☐
			☐
			☐
			☐
			☐
			☐
			☐

Notizen/Mitteilungen

Tag	Fach	Hausaufgaben	erledigt ✓
Montag			☐ ☐ ☐ ☐ ☐ ☐ ☐

Tag	Fach	Hausaufgaben	erledigt ✓
Dienstag			☐ ☐ ☐ ☐ ☐ ☐ ☐

Tag	Fach	Hausaufgaben	erledigt ✓
Mittwoch			☐ ☐ ☐ ☐ ☐ ☐ ☐

Tag	Fach	Hausaufgaben	erledigt ✓
Donnerstag			☐ ☐ ☐ ☐ ☐ ☐ ☐

vom _____________ bis _____________

Tag	Fach	Hausaufgaben	erledigt ✓
Freitag			☐
			☐
			☐
			☐
			☐
			☐
			☐

Notizen/Mitteilungen

Hausaufgaben in der Woche

Tag	Fach	Hausaufgaben	erledigt ✓
Montag			☐
			☐
			☐
			☐
			☐
			☐
			☐

Tag	Fach	Hausaufgaben	erledigt ✓
Dienstag			☐
			☐
			☐
			☐
			☐
			☐
			☐

Tag	Fach	Hausaufgaben	erledigt ✓
Mittwoch			☐
			☐
			☐
			☐
			☐
			☐
			☐

Tag	Fach	Hausaufgaben	erledigt ✓
Donnerstag			☐
			☐
			☐
			☐
			☐
			☐

Tag	Fach	Hausaufgaben	erledigt
Freitag			☐
			☐
			☐
			☐
			☐
			☐
			☐

Notizen/Mitteilungen

Hausaufgaben in der Woche

Tag	Fach	Hausaufgaben	erledigt ✓
Montag			☐
			☐
			☐
			☐
			☐
			☐
			☐

Tag	Fach	Hausaufgaben	erledigt ✓
Dienstag			☐
			☐
			☐
			☐
			☐
			☐
			☐

Tag	Fach	Hausaufgaben	erledigt ✓
Mittwoch			☐
			☐
			☐
			☐
			☐
			☐
			☐

Tag	Fach	Hausaufgaben	erledigt ✓
Donnerstag			☐
			☐
			☐
			☐
			☐
			☐

vom _____________ bis _____________

Tag	Fach	Hausaufgaben	erledigt ✓
Freitag			☐
			☐
			☐
			☐
			☐
			☐
			☐
			☐

Notizen/Mitteilungen

Tag	Fach	Hausaufgaben	erledigt ✓
Montag			☐
			☐
			☐
			☐
			☐
			☐
			☐

Tag	Fach	Hausaufgaben	erledigt ✓
Dienstag			☐
			☐
			☐
			☐
			☐
			☐
			☐

Tag	Fach	Hausaufgaben	erledigt ✓
Mittwoch			☐
			☐
			☐
			☐
			☐
			☐
			☐

Tag	Fach	Hausaufgaben	erledigt ✓
Donnerstag			☐
			☐
			☐
			☐
			☐
			☐

vom _____________ bis _____________

<table>
<tr><td>Tag</td><td>Fach</td><td>Hausaufgaben</td><td>erledigt ✓</td></tr>
</table>

Freitag

Notizen/Mitteilungen

Hausaufgaben in der Woche

Tag	Fach	Hausaufgaben	erledigt ✓
Montag			☐ ☐ ☐ ☐ ☐ ☐ ☐

Tag	Fach	Hausaufgaben	erledigt ✓
Dienstag			☐ ☐ ☐ ☐ ☐ ☐ ☐

Tag	Fach	Hausaufgaben	erledigt ✓
Mittwoch			☐ ☐ ☐ ☐ ☐ ☐

Tag	Fach	Hausaufgaben	erledigt ✓
Donnerstag			☐ ☐ ☐ ☐ ☐ ☐ ☐

vom _____________ bis _____________

<table>
<tr><th>Tag</th><th>Fach</th><th>Hausaufgaben</th><th>erledigt</th></tr>
<tr><td rowspan="7">Freitag</td><td></td><td></td><td>☐</td></tr>
<tr><td></td><td></td><td>☐</td></tr>
<tr><td></td><td></td><td>☐</td></tr>
<tr><td></td><td></td><td>☐</td></tr>
<tr><td></td><td></td><td>☐</td></tr>
<tr><td></td><td></td><td>☐</td></tr>
<tr><td></td><td></td><td>☐</td></tr>
</table>

Notizen/Mitteilungen

Tag	Fach	Hausaufgaben	erledigt ✓
Montag			☐
			☐
			☐
			☐
			☐
			☐
			☐

Tag	Fach	Hausaufgaben	erledigt ✓
Dienstag			☐
			☐
			☐
			☐
			☐
			☐
			☐

Tag	Fach	Hausaufgaben	erledigt ✓
Mittwoch			☐
			☐
			☐
			☐
			☐
			☐
			☐

Tag	Fach	Hausaufgaben	erledigt ✓
Donnerstag			☐
			☐
			☐
			☐
			☐

vom _____________ bis _____________

Tag	Fach	Hausaufgaben	erledigt ✓
Freitag			☐
			☐
			☐
			☐
			☐
			☐
			☐

Notizen/Mitteilungen

Hausaufgaben in der Woche

Tag	Fach	Hausaufgaben	erledigt ✓
Montag			☐
			☐
			☐
			☐
			☐
			☐
			☐

Tag	Fach	Hausaufgaben	erledigt ✓
Dienstag			☐
			☐
			☐
			☐
			☐
			☐
			☐

Tag	Fach	Hausaufgaben	erledigt ✓
Mittwoch			☐
			☐
			☐
			☐
			☐
			☐

Tag	Fach	Hausaufgaben	erledigt ✓
Donnerstag			☐
			☐
			☐
			☐
			☐
			☐

vom ________________ bis ________________

<table>
<tr><td>Tag</td><td>Fach</td><td>Hausaufgaben</td><td>erledigt</td></tr>
<tr><td rowspan="8">Freitag</td><td></td><td></td><td>☐</td></tr>
<tr><td></td><td></td><td>☐</td></tr>
<tr><td></td><td></td><td>☐</td></tr>
<tr><td></td><td></td><td>☐</td></tr>
<tr><td></td><td></td><td>☐</td></tr>
<tr><td></td><td></td><td>☐</td></tr>
<tr><td></td><td></td><td>☐</td></tr>
<tr><td></td><td></td><td>☐</td></tr>
</table>

Notizen/Mitteilungen

Hausaufgaben in der Woche

Tag	Fach	Hausaufgaben	erledigt ✓
Montag			☐
			☐
			☐
			☐
			☐
			☐
			☐

Tag	Fach	Hausaufgaben	erledigt ✓
Dienstag			☐
			☐
			☐
			☐
			☐
			☐
			☐

Tag	Fach	Hausaufgaben	erledigt ✓
Mittwoch			☐
			☐
			☐
			☐
			☐
			☐

Tag	Fach	Hausaufgaben	erledigt ✓
Donnerstag			☐
			☐
			☐
			☐
			☐
			☐

vom ________________ bis ________________

Tag	Fach	Hausaufgaben	erledigt
Freitag			☐
			☐
			☐
			☐
			☐
			☐
			☐

Notizen/Mitteilungen

Wenn der Bullterrier mal wieder die Hausaufgaben gefressen hat...
Mitteilungen an Lehrer bzw. Eltern

Wenn der Bullterrier mal wieder die Hausaufgaben gefressen hat...
Mitteilungen an Lehrer bzw. Eltern